AF381498

TALLEYRAND

L'art diplomatique du diable boiteux

Par Romain Parmentier

50MINUTES.fr

CHARLES-MAURICE DE TALLEYRAND-PÉRIGORD

INTRODUCTION

Accusé de tous les vices et traité de diable, de corrompu, de traître ou encore critiqué pour son cynisme, Charles-Maurice de Talleyrand-Périgord illustre à merveille la quintessence de l'art diplomatique. Survivant à pas moins de huit régimes politiques différents, depuis la monarchie absolue de l'Ancien Régime jusqu'à la monarchie de Juillet, ce brillant diplomate n'a, tout au long de sa vie, pour seul objectif que la gloire de la France, n'hésitant pas à trahir toute personne qui l'a un jour soutenu pour atteindre son but.

Rien pourtant ne prédestinait cet homme de talent à une telle épopée. Né avec un handicap au pied, le jeune Talleyrand est orienté vers une carrière ecclésiastique et non politique. Désireux de changer sa condition, il profite néanmoins de la première occasion pour forger son propre destin.

Ainsi, il se joint en 1789 aux révolutionnaires et grimpe les échelons du pouvoir. Saisissant les opportunités, il s'allie aux personnes influentes de son temps. Sur sa route, il découvre les exploits du jeune Napoléon Bonaparte dont il entrevoit tout le potentiel. C'est ainsi qu'il est amené à participer au coup d'État du 18 brumaire an VIII (9 novembre 1799) qui place Napoléon à la tête du pays. Ensemble, les deux hommes parviennent à donner à la France toute la grandeur d'un empire.

Toutefois, quelle que soit la personne qu'il sert, Talleyrand restera toute sa vie durant indépendant et conservera ses propres idées : modération, équilibre des puissances européennes et patience sont ses maîtres mots. Habilement, il réussit à manipuler l'ensemble de ses interlocuteurs. Agissant aussi bien dans la lumière que dans l'ombre, il a à lui seul influencé la politique de la France et de l'Europe à une époque où tous les bouleversements étaient possibles.

DONNÉES CLÉS

- **Naissance ?** Le 2 février 1754 à Paris.
- **Mort ?** Le 17 mai 1838 dans la même ville.
- **Apports majeurs ?**
  - La Déclaration des droits de l'homme et du citoyen (1789).
  - La Constitution civile du clergé (1790).
  - La première Constitution française (1791).
  - L'avènement et la chute de Napoléon Bonaparte(1796-1821).
  - Le traité de Lunéville (1801).
  - Le Concordat (1801).
  - La paix d'Amiens (1802).
  - Le traité de Presbourg (1805).
  - Le rôle actif qu'il joue dans la Restauration des Bourbons (1814-1815).
  - Le congrès de Vienne (1815).
  - La conférence de Londres (1830).

BIOGRAPHIE

L'ENFANT DÉLAISSÉ

Charles-Maurice de Talleyrand-Périgord est né le 2 février 1754 à Paris. Il est l'aîné d'une famille de trois enfants. Ses parents, Charles-Daniel de Talleyrand-Périgord (1734-1788) et Alexandrine de Damas d'Antigny (1728-1809), sont tous deux issus de la noblesse et vivent à la Cour, à Versailles. Leur situation financière n'en est pas moins difficile, notamment suite aux héritages favorisant d'autres branches de la famille. Du fait de leur charge à la Cour, le jeune Charles-Maurice est élevé loin de ses parents. Cette situation n'a alors rien d'exceptionnel pour cette époque où les enfants nobles sont le plus souvent confiés à des nourrices. Le diplomate s'en plaint néanmoins dans ses mémoires, soulignant l'indifférence et la négligence de ses parents à son égard. Cette amertume ne sert cependant qu'à justifier un handicap qui va conditionner l'ensemble de sa vie, à savoir son pied bot.

Même si l'on pense aujourd'hui qu'il s'agit là d'une déformation de naissance, le diplomate le présentera toujours comme un accident causé par sa nourrice. Cette dernière l'aurait laissé tomber à l'âge de quatre ans et ne lui aurait pas prodigué les soins nécessaires. Talleyrand y verra toujours le résultat de l'abandon de ses parents. En 1762, il entre au collège d'Harcourt où il subit les moqueries des autres enfants. Mais les consé-quences de son pied bot ne sont pas uniquement visibles au travers des railleries de ses camarades. En effet, à l'âge de 16 ans, le jeune Talleyrand est contraint de suivre la voie ecclésiastique, alors qu'il n'a aucune conviction religieuse.

L'ÉGLISE À DÉFAUT DE L'ARMÉE

Charles-Maurice de Talleyrand-Périgord est écarté de la carrière militaire à laquelle son statut d'aîné le destinait pourtant, ses parents voyant dans son handicap une infirmité trop importante pour une telle charge. Destitué de ses droits d'aînesse au profit de son frère cadet Archambaud de Talleyrand-Périgord (1762-1838), Charles-Maurice se voit imposer une carrière ec-clésiastique. C'est ainsi qu'il dira de nombreuses fois : « Ce sont mes pieds qui m'ont fait prêtre. » (cité par de WARESQUIEL (Emmanuel), *Talleyrand : le prince immobile*, Paris, Fayard, 2003, p. 38) Cette destinée toute tracée par ses parents est également fortement influencée par son oncle Alexandre-Angélique de Talleyrand-Périgord (1736-1821), évêque coadjuteur de Reims et archevêque dès 1777. Résigné, le jeune Talleyrand entre dès lors au grand séminaire de Saint-Sulpice de Paris en 1770. Il en sort quatre ans plus tard après avoir reçu les ordres mineurs et défendu une thèse de bachelier.

À compter de cette date, Talleyrand grimpe progressivement les échelons de la carrière ecclésiastique avec le soutien de son oncle. Il n'en mène pas moins une vie libertine opposée à toute morale catholique, courant les tripots dès qu'il en a l'occasion. En 1775, il reçoit les premiers ordres majeurs en occupant la fonction de sous-diacre. Il devient ensuite chanoine de la cathédrale de Reims et abbé commendataire de Saint-Denis de Reims. Enfin, son oncle lui permet de devenir député à l'assemblée du clergé de 1775. Cette ascension se poursuit lorsqu'en 1779, après avoir obtenu sa licence en théologie à la

Sorbonne, le jeune abbé est ordonné prêtre à l'âge de 25 ans. La même année, son oncle lui offre le poste de vicaire général du diocèse de Reims.

L'accès à la prêtrise ouvre de nouvelles portes à ce jeune ambitieux. En 1780, il reçoit la charge d'agent général du clergé de France. Outre un accès au contrôle des finances de l'Église, dont il peut constater les immenses richesses, cette fonction lui permet de se créer un réseau de personnalités influentes et de s'initier à la diplomatie et à la gestion des biens immobiliers du clergé. Ultime consécration de cette carrière sans vocation, Talleyrand obtient l'évêché d'Autun en 1788. Animé depuis son enfance par un important désir de revanche sur un destin qu'il n'a pas pu choisir, il voit dans cette nomination le moyen d'accéder au pouvoir politique : le contexte de l'époque en France lui donnera raison.

UNE BRILLANTE CARRIÈRE POLITIQUE

La situation désastreuse de la France à la fin du XVIIIe siècle permet à l'évêque d'Autun de faire ses premiers pas en politique. Élu député du clergé aux États généraux de 1789, il participe activement à la Révolution qui éclate. Il propose notamment la nationalisation des biens du clergé, de même que la mise sous serment des ecclésiastiques. Démissionnant de sa charge d'évêque en 1791, il est envoyé l'année suivante en Angleterre afin de garantir la paix avec la France. Le début de la Terreur le pousse néanmoins à l'exil à Londres puis aux États-Unis où il reste deux années.

De retour en 1796, il obtient le ministère des Relations extérieures qu'il occupera jusqu'en 1807. À la chute de l'Empire (1814), il prend la tête du gouvernement provisoire et restaure l'autorité des Bourbons. Il participe également au congrès de Vienne au cours duquel il sauve le statut de la France sur le plan international. Talleyrand est favorable à l'instauration d'une monarchie constitutionnelle et non plus absolue, ce qui lui vaut le mépris des rois Louis XVIII (1755-1824) et Charles X (1757-1836). Par contre, Louis-Philippe Ier (1773-1850) l'apprécie et lui propose le poste de ministre des Relations extérieures en 1830. Le diplomate préfère toutefois devenir ambassadeur à Londres, poste qu'il occupera jusqu'en 1834. Aspirant à une retraite méritée, il revient en France où il décède à Paris en 1838, à l'âge de 84 ans.

CONTEXTE POLITIQUE, SOCIAL ET ÉCONOMIQUE

LA RÉVOLUTION FRANÇAISE

Reconnu comme un fin diplomate, Talleyrand peut également se targuer d'être l'homme de tous les régimes. En cette fin de XVIIIe et début de XIXe siècle, la France connaît en effet une succession de régimes politiques variés. Déclenchée par la Révolution de 1789, cette période d'instabilité n'en est pas moins le résultat de phénomènes à l'œuvre depuis plusieurs décennies.

Exacerbée par la concentration des privilèges au sein de la noblesse et du clergé, la bourgeoisie urbaine devient une force révolutionnaire en puissance après plus d'un demi-siècle d'enrichissement et de diffusion des idées des Lumières contre la tyrannie. Véritable moteur économique du pays, la bourgeoisie est exclue de la politique et de la gestion de l'État, contrairement aux nobles et au clergé qui se réservent les meilleures carrières et sont, de plus, dispensés de tout impôt.

En outre, à la fin du XVIIIe siècle, la France absolutiste dirigée par le roi Louis XVI (1754-1793) traverse depuis plusieurs années une crise agricole et financière sévère. Suite à une demande croissante, les prix du grain s'envolent sans que les salaires n'augmentent conjointement, engendrant une diminution sensible du pouvoir d'achat des Français. Le déficit des finances publiques, aggravé par la participation à la guerre d'indépendance des États-Unis (1775-1782), est quant à lui constant, l'unique rentrée d'argent possible résidant dans l'instauration de nouveaux impôts. C'est dans ce contexte bouillonnant que, le 8 août 1788, Louis XVI est contraint de convoquer les États généraux, seuls capables de décider la levée d'impôts dans une telle situation. Le 5 mai 1789, ces derniers, auxquels sont conviés 1 139 députés (291 pour le clergé, 270 pour la noblesse et 578 pour le tiers état dont les effectifs ont été doublés pour l'occasion), s'ouvrent à Versailles.

Ouverture des États généraux, à Versailles dans la salle des Menus Plaisirs, le 5 mai 1789, tableau d'Isidore-Stanislas Helman et de Charles Monet.

Réunis dans le but d'élaborer une réforme fiscale, les États généraux outrepasseront largement leur tâche. Refusant la condition de privilégiés des deux autres ordres, le tiers état, représentant 96 % de la population, s'institue Assemblée nationale le 17 juin. Face à ce premier geste révolutionnaire, le roi tente de dissoudre l'Assemblée en lui refusant l'accès à la salle de réunion. En réponse, le 20 juin, les députés se rassemblent dans la salle du Jeu de paume et prêtent le serment de ne pas se séparer avant d'avoir doté la France d'une constitution. Contraint de céder, Louis XVI finit par reconnaître l'Assemblée qui est rejointe par les nobles et le clergé. Le 9 juillet, l'Assemblée nationale devient constituante, marquant ainsi définitivement la fin de la monarchie absolue. Parallèlement, l'agitation est palpable dans les villes du royaume, surtout à Paris. Le 14 juillet 1789, les Parisiens s'emparent de la Bastille, symbole de l'arbitraire royal. Toutefois, si l'événement est reconnu comme le point d'orgue de la Révolution, il ne fait pas pour autant tomber la Couronne.

Tableau représentant la prise de la Bastille.

TRANSITION SANGLANTE : DE LA TERREUR AU DIRECTOIRE

L'Assemblée veut doter la France d'une constitution, mais aussi maintenir l'ordre dans le royaume. Afin d'apaiser les tensions, elle abolit les privilèges le 5 août 1789 et proclame le 26 août la Déclaration des droits de l'homme et du citoyen. Parallèlement, afin de restaurer les finances, la Constituante décrète la nationalisation des biens du clergé, considérant qu'ils relèvent de la Nation et non de l'Église. Enfin, le 3 septembre 1791, l'Assemblée vote la première Constitution française, instaurant la séparation des pouvoirs. Louis XVI, désormais souverain des Français et non plus de France, devient le premier roi constitutionnel du pays.

Le retour au calme est néanmoins de courte durée. En avril 1792, la France entre en guerre contre l'Autriche. Suspecté de collusion avec les ennemis de la Nation afin de rétablir la monarchie absolue, Louis XVI suscite de plus en plus l'hostilité. Le 10 août, Paris, mené par Danton (homme politique français, 1759-1794), s'insurge et envahit le palais des Tuileries où réside la famille royale, qui se réfugie à l'Assemblée. Attaquée à son tour, cette dernière n'a d'autre choix que d'abolir la monarchie. Une nouvelle assemblée, appelée Convention, est élue et proclame la Ire République. En septembre 1792 débute l'an I du nouveau régime, avec une nouvelle constitution. Enfermé à la prison du Temple, Louis XVI est condamné à mort pour trahison et guillotiné le 21 janvier 1793.

Exécution de Louis XVI, d'après une gravure allemande, 1793.

Enivrés par la création de la République, les révolutionnaires ne souhaitent qu'une chose :

exporter leurs idées et libérer les peuples de la tyrannie. Indignées par la mort de Louis XVI, les puissances étrangères ne l'entendent pas de la sorte. En 1793, une première coalition rassemblant l'Autriche, la Prusse, l'Angleterre, l'Espagne et le Piémont-Sardaigne, se forme pour combattre les insurgés français. Les frontières de la France sont menacées de toutes parts et les désertions sont récurrentes. Menacée de l'extérieur, la jeune République l'est également de l'intérieur. En mars, une guerre civile éclate en Vendée, suivie par l'insurrection de plusieurs départements contre Paris. Face à ces périls internes et externes, la Convention supprime toutes les libertés et déclare que le gouverne-ment de la France sera révolutionnaire jusqu'au retour de la paix. Un régime d'exception se met en place : la Terreur.

En mars 1793, un tribunal révolutionnaire, aidé par un Comité de sûreté générale, est instauré pour traquer les ennemis de la Révolution. Parallèlement, un Comité de salut public (avril 1793) dirigé d'une main de fer par Robespierre (homme politique français, 1758-1794), se charge de gouverner la France et obtient vite les pleins pouvoirs. Pourvoyeur de la guillotine, ces trois institutions mènent entre 35 000 et 40 000 Français à l'échafaud. Ce régime dictatorial se durcit jusqu'en juin 1794 avec la loi du 22 prairial (10 juin) qui vient supprimer toute possibilité de défense aux accusés lors des procès. La victoire de Fleurus le 26 juin sur les armées ennemies ramène toutefois le calme aux frontières. La Terreur ne se justifie plus : Robespierre perd dès lors ses soutiens. Le 28 juillet 1794, il est arrêté et guillotiné à son tour. Une nouvelle convention prend place, mais elle ne parvient pas à répondre aux problèmes d'approvisionnement que connaît le pays. Le 22 août 1795, elle rédige une nouvelle constitution, dite de l'an III, qui voit la mise en place du Directoire.

Redonnant une certaine place au pouvoir exécutif, ce nouveau régime a désormais à sa tête cinq directeurs. Ceux-ci doivent être âgés d'au moins 40 ans et sont renouvelés par 1/5 des voix tous les ans. Les cinq premiers furent :

- Jean-François Reubell (1747-1807) ;
- Emmanuel-Joseph Sieyès (1748-1836) qui abdiquera peu après sa nomination et qui sera remplacé par Lazare Carnot (1753-1823) ;

- Louis-François Letourneur (1751-1817) ;
- Louis-Marie de La Revellière-Lépeaux (1753-1824) ;
- Paul Barras (1755-1829).

Le pouvoir législatif est quant à lui confié à deux chambres : le Conseil des Cinq-Cents, composé de 500 élus âgés de plus de 30 ans et renouvelés par 1/3 des voix tous les ans, et le Conseil des Anciens, composé de 250 personnes élues de plus de 40 ans, elles aussi renouvelées annuellement par 1/3 des voix.

L'équilibre des forces politiques n'en est toutefois pas stabilisé.

LE CONSULAT ET L'EMPIRE

Malmené par les dissensions politiques, le Directoire s'avère très vite incapable de gouverner la France. Plusieurs élections sont truquées, ce qui finit par discréditer le régime. En novembre 1799, le directeur Emmanuel Joseph Sieyès cherche à renverser le Directoire. Pour ce faire, il s'allie à un jeune général corse jouissant d'une certaine popularité depuis sa victoire au pont d'Arcole en 1796 : Napoléon Bonaparte (1769-1821).

Le coup d'État du 18 brumaire an VIII (9 novembre 1799) dirigé par Bonaparte met fin au Directoire. Forçant les députés par les armes, le général demande la rédaction d'une nouvelle constitution. Achevée le 13 décembre, la Constitution de l'an VIII entre en vigueur le 25 décembre, instaurant un régime au pouvoir exécutif fort et autoritaire : le Consulat. Bonaparte devient Premier consul et concentre les pouvoirs entre ses mains. Deux autres consuls l'accompagnent, mais n'ont, pour leur part, qu'une voix consultative.

Le Consulat redore l'image de la France. En effet, la situation s'améliore tant à l'intérieur du pays qu'à l'extérieur par la signature de plusieurs accords de paix avec les puissances étrangères. L'idée d'un consulat à vie fait alors son chemin et, le 2 août 1802, Bonaparte est proclamé consul à vie par une nouvelle constitution. Cette position est encore renforcée en 1804. Avec le retour de la guerre, la France souhaite se doter d'un régime fort et prestigieux : le 18 mai 1804, Napoléon Bonaparte devient empereur des Français sous le nom de Napoléon Ier.

Le Sacre de Napoléon, tableau de Jacques-Louis David, 1806-1807.

Cette période mouvementée change profondément la société en instaurant une plus grande rationalité dans le quotidien des citoyens. Les territoires sont ainsi divisés en 83 départements relativement égaux en superficie, leur nombre ira jusqu'à 130 à l'apogée de l'Empire. La justice de l'Ancien Régime, avec ses exceptions et ses privilèges, est abolie au profit d'une justice rationnelle et égalitaire, toujours en vigueur aujourd'hui. Les codes, à l'instar du Code civil, voient le jour. L'instauration du système métrique identique dans tout l'Empire donne naissance aux mesures modernes. Enfin, la légende napoléonienne avec ses nombreuses victoires, mais aussi ses défaites se grave peu à peu dans l'histoire. Talleyrand, en sa qualité de diplomate, y contribue, pour le meilleur comme pour le pire.

TEMPS FORTS

ACTEUR DE LA RÉVOLUTION

Cherchant à prendre sa revanche sur une vie dictée par sa famille et son handicap, Talleyrand finit par obtenir l'occasion tant souhaitée de s'élever et de faire ses preuves, le 2 novembre 1788. Malgré de nombreuses réticences dues à son mode de vie libertin, à l'opposé de la morale chrétienne, il est nommé évêque d'Autun par le roi Louis XVI alors qu'il n'a que 34 ans. Cette nouvelle charge épiscopale, pour laquelle Talleyrand n'a que peu d'intérêt, lui permet surtout d'accéder à l'antichambre du pouvoir. L'évêque d'Autun est de fait titulaire de la présidence des états de Bourgogne, et traditionnellement éligible à l'archevêché de Lyon une fois le poste vacant. La crise financière et agricole qui secoue le royaume de France à la fin de ce XVIIIe siècle offre d'ailleurs à l'évêque une opportunité encore plus grande de changer son destin.

Convoqués le 8 août 1788 par le roi pour le mois de mai de l'année suivante, les États généraux doivent envoyer à Versailles des députés des trois ordres, dont le clergé auquel appartient désormais Talleyrand. Le jeune évêque saisit immédiatement cette occasion. Le 22 mars 1789, il se rend pour la première fois dans son évêché avec la ferme intention de se faire élire député de l'ordre ecclésiastique de sa région. Multipliant les relations, il obtient sans difficulté les voix nécessaires et repart le 22 avril pour Paris. L'ouverture des États généraux le 5 mai marque le début de sa carrière politique. L'évêque reste néanmoins prudent et discret durant les premières semaines de réunion.

Observant la montée en puissance du tiers état, il avertit les proches de la famille royale de la situation révolutionnaire qui se profile. Il suggère notamment la dissolution des États généraux au profit d'un système bicaméral inspiré du modèle anglais avec une chambre haute composée de la noblesse et du clergé, et une chambre basse regroupant les représentants du tiers état. Face au rejet de ses propositions, Talleyrand finit par rejoindre, le 26 juin, le tiers état qui s'est institué Assemblée nationale. À compter de cette date, son influence ne va cesser de croître, et ce jusqu'au déclenchement de la Terreur.

L'accélération des événements révolutionnaires donne à Talleyrand de plus en plus de poids à l'Assemblée. Allié à Mirabeau (homme politique français, 1749-1791), l'évêque multiplie les interventions en vue de réformer le royaume. Le 14 juillet 1789, il entre notamment dans le comité de rédaction de la future constitution dont il sera l'un des signataires. Il en fait de même pour la Déclaration des droits de l'homme et du citoyen, dont Talleyrand rédige l'article VI :

> « La Loi est l'expression de la volonté générale. Tous les Citoyens ont droit de concourir personnellement, ou par leurs Représentants, à sa formation. Elle doit être la même pour tous, soit qu'elle protège, soit qu'elle punisse. Tous les Citoyens étant égaux à ses yeux sont également admissibles à toutes dignités, places et emplois publics, selon leur capacité, et sans autre distinction que celle de leurs vertus et de leurs talents. »

Son parcours se poursuit ensuite dans le domaine de l'économie, la France restant en effet en grande difficulté financière. L'évêque d'Autun propose dès lors à l'Assemblée de nationaliser les biens du clergé. En qualité d'agent général du clergé, Talleyrand avait procédé en 1780 à l'inventaire des biens de l'Église en France. Il est donc parfaitement conscient de l'immense richesse de cette dernière. Sa proposition est largement approuvée par les députés du tiers état, mais elle fait par contre l'effet d'une bombe parmi le clergé qui insulte l'évêque et l'accuse de traîtrise. Cet événement forge l'image diabolique de Talleyrand, prêt à trahir n'importe qui dans son propre intérêt et celui de la France. Plus encore, en 1790, l'évêque propose de contraindre au serment le clergé de France, le soumettant de fait à l'autorité de la Nation, et souhaite, dans le même temps, accorder la citoyenneté aux juifs.

Traité d'apostat, Talleyrand n'en conserve pas moins son influence sur le déroulement de la Révolution. Le 16 février 1790, il devient président de l'Assemblée nationale. Lors de la fête de la Fédération du 14 juillet, il est amené à célébrer la messe au Champ-de-Mars, à Paris. Conscient d'être un piètre ecclésiastique peu habitué à dire la messe, l'évêque déclare devant l'autel au marquis de La Fayette (homme politique et militaire français, 1757-1834) : « Par pitié, ne me faites pas rire. » (cité par DE WARESQUIEL (Emmanuel), *op. cit.*, p. 140)

Suffisamment influent et désireux de poursuivre son parcours politique, Talleyrand décide d'en finir avec sa carrière ecclésiastique. Il démissionne de l'épiscopat, provoquant une fois de plus la colère de l'Église qui l'excommunie. L'ex-évêque sent également le vent tourner en France. En 1792, il est envoyé en Angleterre pour assurer la neutralité de cette puissance dans le conflit qui oppose la France à l'Autriche. À son retour, la chute des Tuileries du 10 août fait basculer la France dans la Terreur. Conscient du danger, Talleyrand choisit un exil déguisé et repart le 10 septembre en Angleterre.

DU SOUTIEN AU PETIT GÉNÉRAL CORSE AU COUP D'ÉTAT

En pleine instabilité politique, le danger perçu par Talleyrand est bien réel. L'ouverture de l'armoire de fer de Louis XVI, quelques semaines après son départ, met au jour la collusion de l'ancien évêque avec la monarchie. Pour la jeune République, il s'agit là d'une traîtrise. Mis en accusation par la Convention, Talleyrand est porté sur la liste des émigrés au début de l'année 1793. Il reste pour l'heure réfugié en Angleterre où il noue de nouvelles relations. Sa présence finit toutefois par gêner les autorités anglaises qui préparent la guerre contre la France. Contraint de quitter l'île et ne pouvant rejoindre sa patrie, Talleyrand part pour les États-Unis en mars 1794. Il y reste deux ans, pratiquant la spéculation immobilière, ce qui le rend riche, mais il n'aspire cependant qu'à rentrer en France.

La chute de Robespierre en juillet 1794 redonne espoir à l'exilé : il espère, à raison, que la Terreur disparaisse avec son principal porte-étendard. Toutefois, avant de rentrer, il doit supprimer les charges qui pèsent contre lui. Talleyrand s'appuie dès lors sur ses alliés, dont la plus renommée n'est autre que Mme de Staël (femme de lettres française, 1766-1817) qui plaide en sa faveur. En septembre 1795, Talleyrand obtient gain de cause et peut rentrer en France. Il attend toutefois septembre de l'année suivante avant de revenir, observant de loin les débuts du Directoire. Talleyrand a conscience que ce nouveau régime est précaire, mais il peut toutefois servir de tremplin pour autre chose.

Rentré en France, l'ex-évêque d'Autun fait la connaissance de Paul de Barras, directeur durant tout le régime du Directoire. Impressionné par Talleyrand, ce dernier le nomme en juillet 1797 ministre des Relations extérieures. Ce mandat est avant tout l'occasion pour Talleyrand d'accroître son influence et surtout de récolter énormément d'argent en demandant de multiples pots-de-vin. Ce procédé manque cependant de tourner au désastre parce qu'il vient envenimer les relations entre la France et les États-Unis dans la célèbre affaire XYZ.

L'affaire XYZ

L'affaire XYZ intervient alors que les rapports entre la France et les États-Unis se dégradent depuis plusieurs années. En 1794, les États-Unis signent avec l'Angleterre un traité commercial que n'apprécie guère la France, alliée des Américains durant la guerre d'indépendance. Débute alors une véritable guerre maritime entre les deux pays. Jusqu'en 1800, pas moins de 800 navires américains sont arraisonnés par les corsaires français. Afin de rétablir la neutralité, trois émissaires américains sont envoyés à Paris et sont reçus par trois proches de Talleyrand, qui seront appelés par la suite

X, Y et Z. Ces derniers essayeront d'obtenir d'importantes concessions et dessous-de-table, ce qui provoquera un scandale. Cette crise diplomatique dégénère et une guerre est évitée de justesse par Talleyrand. En 1800, le traité de Mortefontaine clôture définitivement le conflit.

Son poste de ministre permet surtout à Talleyrand de faire la connaissance d'un général ambitieux, déjà auréolé de gloire après sa victoire au pont d'Arcole contre les Autrichiens en 1796, qui n'est autre que Napoléon Bonaparte. Aussitôt en charge de son ministère, Talleyrand entame une correspondance avec le général, le flattant et le félicitant de ses exploits. La séduction opère si bien qu'à peine rentré d'Italie en décembre 1797, Bonaparte demande à le rencontrer. Si tous deux ont un caractère très différent, ils s'avèrent néanmoins complémentaires. Le ministre mesure ainsi tout le potentiel du général corse qui appelle de ses vœux un renforcement de l'exécutif en France et une réforme de la Constitution. Mais pour l'heure, il est encore trop tôt. C'est pourquoi Talleyrand encourage l'expédition d'Égypte que souhaite mener Bonaparte en 1798.

Même si cette dernière n'apporte pas les résultats escomptés, sauf sur le plan scientifique, elle continue d'accroître la popularité du général, qui est acclamé à son retour en août 1799.

Napoléon en Égypte, tableau de Jean-Léon Gérome, 1863.

Entre-temps, Talleyrand manœuvre habilement dans l'ombre pour renverser le Directoire, en s'alliant notamment à Emmanuel Joseph Sieyès. Le 13 juillet 1799, il démissionne de son poste de ministre. Il a désormais les mains libres et, avec le retour de Bonaparte, la machinerie d'un coup d'État peut s'enclencher. Pendant plusieurs semaines, Talleyrand multiplie les réunions et rassemble ses alliés derrière Bonaparte, manœuvre néanmoins extrêmement risquée. Effrayés par ce qu'il pense être un complot jacobin, les Conseils des Anciens et des Cinq-Cents sont transférés au château de Saint-Cloud le 9 novembre 1799 (18 brumaire an VIII). Quatre des cinq directeurs remettent parallèlement leur démission. Face à la vacance de l'exécutif, les conseillers ont désormais le loisir de nommer un gouvernement provisoire composé de trois consuls, parmi lesquels on retrouve Bonaparte. Mais le plan ne se passe pas comme prévu : les conseillers crient au complot et traitent Bonaparte de dictateur. Tentant d'arranger la situation, ce dernier manque de se faire assassiner par un conseiller des Cinq-Cents. Face à ce désastre, le général n'a plus d'autre choix que de recourir à l'armée qu'il contrôle. Par la force des baïonnettes, les conseillers mettent fin au Directoire et créent le Consulat : Napoléon a gagné ; Talleyrand aussi.

UN OBJECTIF : CONSOLIDER LE POUVOIR

Il ne faut pas attendre longtemps avant que Talleyrand ne récolte les bénéfices du coup d'État. Le 22 novembre 1799, le Premier consul le nomme ministre des Relations extérieures, fonction qu'il occupe cette fois pendant plus de sept ans.

Durant toute la période du Consulat, les relations entre le ministre et le Premier consul sont à leur apogée. À bien des égards, Talleyrand devient le deuxième homme du gouvernement. Bien plus qu'un simple ministre, il est le conseiller privilégié de Bonaparte sur toutes sortes de sujets, qu'ils soient internes ou externes à la République. En outre, Talleyrand travaille d'arrache-pied pour consolider le pouvoir consulaire, amenant progressivement le régime vers le consulat à vie puis vers l'Empire héréditaire. Il s'agit ni plus ni moins de redonner de la stabilité à la France en instaurant un régime proche de la monarchie, mais en tenant compte des acquis de la Révolution.

Pour arriver à un tel résultat, Talleyrand s'efforce tout d'abord de rétablir des relations de paix, voire de créer des alliances entre la France et les différents pays d'Europe, mais également les États-Unis. Les années 1800, 1801 et 1802 sont ainsi sources de nombreux traités dont les négociations sont menées, si pas entièrement, au moins en partie, par le ministre. Le 30 septembre 1800, la France pacifie ainsi ses relations avec les États-Unis. Après la victoire de Marengo en juin 1800, la paix est également signée avec l'Autriche grâce au traité de Lunéville, le 9 février 1801. Le mois suivant, la France se réconcilie avec les Deux-Siciles, puis en septembre avec le Portugal et en octobre avec la Russie. Enfin, le 25 mars 1802, le traité d'Amiens met fin aux rivalités entre la République et l'Angleterre. Même si Talleyrand n'est pas signataire de ces différents traités, son travail assidu au cours des multiples négociations permet de réconcilier la France avec le monde, même si ce n'est que pour un temps limité.

Redevenue respectable au-delà de ses frontières, la République se doit également de restaurer la paix et la stabilité entre ses murs. Or, Talleyrand et le Premier consul savent bien que cela ne peut se faire sans une réconciliation avec le clergé national et avec l'Église de Rome. En effet, seule la religion permet d'encadrer durablement la société de l'époque. La situation est cependant complexe. Depuis 1790, les biens du clergé ont été nationalisés, les évêques et prêtres sont soumis au serment et sont nommés par l'État. Pour mettre fin à ce schisme avec Rome, Talleyrand entame, au nom du Consulat, des négociations avec le Saint-Siège qui mènent à la signature du Concordat en juillet 1801. Les diocèses de France sont réorganisés : les évêques sont désormais nommés par le chef de l'État, mais investis par le pape. Enfin, le clergé séculier est pris financièrement en charge par l'État.

Lors de ces négociations, Talleyrand essaie également de régulariser sa situation personnelle avec le pape. L'ex-évêque qui, en 1791, a provoqué le schisme entre Rome et la France, a beaucoup à se faire pardonner. Après de longues tractations et l'intervention de Bonaparte, le pape finit par céder en juin 1802, en acceptant officiellement sa démission : Talleyrand est enfin rendu à la vie civile sans toutefois pouvoir se marier. Jouant sur les mots, le ministre n'en épouse pas moins en septembre sa maîtresse de longue date Catherine-Noël Verlée (dite Madame Grand, 1762-1834). Parallèlement, en 1803, le Premier consul aide le ministre à acheter le château de Valençay où ce dernier donne de nombreuses et magnifiques réceptions.

Devenu fort, le Consulat peut désormais se transformer en Empire. Pour ce faire, la nouvelle dynastie doit se débarrasser définitivement de l'ancienne, à savoir celle des Bourbons. Ces derniers constituent en effet une véritable menace pour le pouvoir de Napoléon Bonaparte. Dès le début de son consulat, le général connaît un nombre constant de tentatives d'attentats perpétrés par ses adversaires. Ceux-ci résultent en réalité d'une conjuration menée par les royalistes visant à établir Louis XVIII, frère de Louis XVI, sur le trône. La proclamation du nouveau roi exigeait le retour en France d'un prince de la maison des Bourbons. Or, pour Talleyrand, ce prince ne peut être que Louis Antoine Henri de Bourbon-Condé, duc d'Enghien (1772-1804) qui est réfugié à Ettenheim (Saint Empire romain germanique), à dix kilomètres de la frontière française. Le ministre persuade vivement Bonaparte d'enlever et d'exécuter le duc pour mettre définitivement fin au complot royaliste. Plus bouc émissaire que véritable coupable, le duc est enlevé le 15 mars 1804. Transféré à Vincennes, il est jugé sans aucun moyen de défense et sans véritable preuve de son implication dans le complot. Il est ensuite exécuté dans la nuit du 20 au 21 mars. Cet assassinat indigne les cours étrangères, mais aussi certains notables de France. Conscient de cette faute, Talleyrand se désolidarisera de l'affaire en 1807 en brûlant tout document susceptible de l'impliquer.

Pour l'heure, un fleuve de sang sépare désormais Napoléon des Bourbons. Talleyrand n'a plus aucun mal à convaincre le Premier consul de monter sur le trône impérial : l'Empire est proclamé le 18 mai 1804. Le 2 décembre, Napoléon Bonaparte est sacré empereur des Français sous le nom de Napoléon Ier : l'œuvre impériale de Talleyrand est accomplie.

Napoléon Ier sur le trône impérial, tableau de Jean Auguste Dominique Ingres, 1806.

« DE LA MERDE DANS UN BAS DE SOIE »

Devenu grand chambellan de Napoléon en juillet 1804, Talleyrand poursuit son travail de ministre des Relations extérieures. Mais les ambitions du ministre et celles de l'Empereur ne sont plus les mêmes. Napoléon, enorgueilli par sa position, entend remodeler l'Europe selon ses intérêts. Cet appétit insatiable de contrôle du continent se heurte à des coalitions successives d'autres puissances européennes. Le continent entre pour dix ans dans les guerres napoléoniennes. Talleyrand, cherchant de son côté à maintenir l'équilibre entre les puissances, n'a de cesse de préconiser la modération auprès de l'Empereur, sans véritable succès.

En 1805, la campagne d'Autriche et la victoire d'Austerlitz auréolent l'Empereur de gloire : il est alors en mesure d'imposer ses conditions de paix. Talleyrand, favorable à une alliance sur le long terme entre la France et l'Autriche, exhorte Napoléon à modérer ses conditions. Pour le ministre, la paix en Europe dépend d'un fragile équilibre entre les quatre grandes puissances que sont la France, l'Angleterre, la Russie et l'Autriche, auxquelles il joint par la suite la Prusse. La France, depuis la Révolution, se trouve sans cesse en minorité face aux coalitions. Or, Talleyrand voit dans la victoire d'Austerlitz le moyen de rétablir l'équilibre en ralliant l'Autriche du côté de la France. La clémence demandée n'est toutefois pas suivie par l'Empereur qui préfère conclure une alliance avec la Russie. Le traité de Presbourg du 26 décembre 1805 imposé à l'Autriche s'avère très sévère pour le ministre contraint de le signer. L'Autriche, dépossédée de plusieurs territoires, perd plus de quatre millions d'habitants et doit payer d'importantes indemnités à la France. Enfin, le traité marque également la fin du Saint Empire, remplacé par la Confédération du Rhin sur laquelle l'Autriche n'a désormais plus aucun pouvoir.

Cette occasion manquée pour Talleyrand ne sera pas sa seule déception. En novembre 1806, il incite de nouveau Napoléon à la modération. L'Empereur n'en décrète pas moins le Blocus continental qu'il impose aux nations européennes contre les produits anglais. Le ministre et l'Empereur n'ont plus le même objectif, ce qui n'empêche pas Napoléon d'honorer son serviteur. En 1806, il accorde à Talleyrand la principauté de Bénévent qui lui permet de jouir de rentes confortables. L'année suivante, en juillet, l'Empereur sort une nouvelle fois vainqueur des coalisés. Écrasée à Iéna, la Prusse est démembrée par le traité de Tilsit qui, parallèlement, concrétise l'alliance entre la France et la Russie. Talleyrand, qui a dû rédiger le traité, est à nouveau déçu par l'attitude de Napoléon. Souhaitant se dissocier de la vision impériale, le prince de Bénévent remet en août 1807 sa démission du poste de ministre des Relations extérieures. Acceptant ce repli, Napoléon nomme Talleyrand vice-grand-électeur de l'Empire.

Même s'il n'est plus ministre, Talleyrand reste indispensable à Napoléon et continue de le conseiller à de nombreuses occasions. En 1808, il suggère ainsi à l'Empereur d'intervenir en Espagne. Mais cette initiative, visant à détrôner les Bourbons d'Espagne, s'avère un véritable échec. Révolté, le peuple espagnol mène une guérilla contre les troupes impériales. Durant six ans, Napoléon est contraint de conserver plusieurs corps d'armée en Espagne afin d'y maintenir l'ordre. Talleyrand se désolidarise vite de cette guerre et fera disparaître ses documents relatifs à cette intervention.

Après avoir en vain exhorté Napoléon à la modération, l'ex-ministre finit par s'opposer plus ouvertement à l'Empereur, allant jusqu'à le trahir. Cherchant à conclure une alliance militaire avec la Russie, Napoléon organise un congrès à Erfurt en automne 1808. Talleyrand fait partie du voyage en tant que conseiller chargé de rédiger un nouveau traité. À cette occasion, il n'hésite pas à se détourner de l'Empereur en conseillant au tsar Alexandre Ier (1777-1825) de refuser l'alliance. S'adressant à celui-ci, il dit :

> « Sire, que venez-vous faire ici ? C'est à vous de sauver l'Europe, et vous n'y parviendrez qu'en tenant tête à Napoléon. Le peuple français est civilisé, son souverain ne l'est pas ; le souverain de la Russie est civilisé et son peuple ne l'est pas ; c'est donc au souverain de la Russie d'être l'allié du peuple français. Le Rhin, les Alpes, les Pyrénées sont la conquête de la France ; le reste est la conquête de l'Empereur ; la France n'y tient pas. »
> (cité par DE WARESQUIEL (Emmanuel), *op. cit.*, p. 390)

L'entrevue d'Erfurt est un échec pour Napoléon qui ne reçoit pas le soutien escompté. Il n'aura néanmoins jamais conscience de la traîtrise de Talleyrand qui estime pour sa part avoir sauvé l'Europe. Cet épisode, désigné comme la fourberie d'Erfurt, accroît l'image de traître du diplomate.

Déçu, Napoléon rejoint l'Espagne. Les semaines se succèdent sans que l'Empereur ne transmette de nouvelles, à tel point qu'à Paris, au début du mois de janvier 1809, nombreux sont ceux qui présument qu'il est mort. Talleyrand profite de l'occasion pour conspirer. Avec le ministre de la Police Joseph Fouché, duc d'Otrante (1759-1820), il prépare purement et simplement la succession, voire le remplacement, de Napoléon. Mis au courant de ce complot, l'Empereur rentre d'urgence à Paris le 23 janvier. Pour ce dernier, la félonie de son ancien ministre est totale. Quatre jours plus tard, lors de la réunion de son conseil, Napoléon disgracie Talleyrand, lui retirant son titre de grand chambellan. Plus encore, il l'insulte pendant plus d'une demi-heure. La phrase de l'Empereur à l'adresse de Talleyrand restera célèbre : « Tenez, monsieur, vous êtes de la merde dans un bas de soie. » (cité par DE WARESQUIEL (Emmanuel), *op. cit.*, p. 400)

SAUVER LA FRANCE AU CONGRÈS DE VIENNE

Même s'il ne le montre pas ouvertement, Talleyrand est bouleversé : il est persuadé que l'Empereur va le faire arrêter et fusiller. Les menaces ne vont pourtant pas au-delà des mots : l'homme est en effet irremplaçable aux yeux de Napoléon. Contre toute attente, il reste l'un des conseillers privilégiés de l'Empereur, notamment lors de son divorce et de son remariage avec Marie-Louise d'Autriche (1791-1847). Le diplomate continue cependant de comploter contre lui en vendant des renseignements aux autorités autrichiennes. Du reste, Talleyrand s'éloigne de plus en plus de Napoléon malgré les demandes répétées de ce dernier pour qu'il reprenne sa charge de ministre. L'échec de la campagne de Russie en 1812 marque selon lui le commencement de la fin du règne impérial. La suite des événements lui donnera encore raison.

En 1814, une nouvelle coalition se forme contre Napoléon. Assailli de toute part, l'Empereur est contraint de se replier sur les frontières nationales. La campagne de France se solde par son abdication et son exil sur l'île d'Elbe. Entre-temps, Talleyrand manœuvre habilement pour être là où il faut être. Le 23 janvier 1814, il est nommé au Conseil de régence par l'Empereur, juste avant la reprise de la guerre : c'est la dernière fois que les deux hommes se voient. En mars, à l'arrivée des alliés à Paris, Talleyrand s'est rendu maître de la ville et négocie la capitulation. Plutôt qu'une abdication de Napoléon au profit de son fils, Talleyrand suggère la restauration des Bourbons. Le Sénat le nomme alors chef du gouvernement provisoire : le diplomate atteint ainsi la plus haute marche du pouvoir et commence immédiatement à démonter l'édifice impérial qu'il avait pourtant contribué à bâtir. Le 1er mai, Talleyrand offre la couronne à Louis XVIII et signe le 30 mai le traité de Paris, rétablissant la paix avec les alliés et le retour des frontières de la France à ses conquêtes de 1792.

Le démantèlement de l'Empire napoléonien n'est pas une simple affaire. Les puissances européennes convoquent un congrès à Vienne pour organiser le partage de l'Europe. Redevenu ministre des Affaires étrangères pour Louis XVIII, Talleyrand part représenter la France à Vienne. Son action au congrès est sans aucun doute la plus importante de sa carrière. Il s'agit ni plus ni moins de restaurer l'image de la France et de garantir une paix durable avec ses voisins. Jouant d'adresse, il profite des dissensions entre les puissances pour arriver à ses fins. La Russie et la Prusse sont ainsi limitées dans leurs conquêtes territoriales. Du reste, la France confirme pour un temps ses acquis territoriaux de 1792. Mais c'était sans compter sur le retour de Napoléon.

Le Congrès de Vienne, tableau de Jean-Baptiste Isabey, 1815.

Le 1ᵉʳ mars 1815, celui-ci débarque en France pour reprendre le pouvoir. Dans un pays nostalgique de l'Empire où la Restauration ressemble à un retour en arrière, il n'a aucun mal à chasser Louis XVIII et à reprendre la tête du pays. La manœuvre donne néanmoins immédiatement naissance à une nouvelle coalition. Ce sursaut napoléonien, désigné sous le nom de Cent-Jours, s'achève brusquement par la défaite de Waterloo le 18 juin 1815. Les dégâts diplomatiques ne se font pas attendre : la France est discréditée. En pleine négociation à Vienne, Talleyrand sauve ce qui peut l'être. Il ne peut néanmoins empêcher le retour des frontières de la France à ce qu'elles étaient avant la Révolution. Talleyrand signe l'acte final du congrès le 9 juin 1815. Il rejoint ensuite Louis XVIII réfugié à Mons avant de rentrer à Paris où il obtient la présidence du Conseil des ministres. L'œuvre du diplomate n'en est pas terminée pour autant.

RÉPERCUSSIONS

LA FRANCE DANS LE CONCERT DES GRANDES PUISSANCES

Si Talleyrand a trahi plus d'une fois les hommes pour lesquels il travaillait, c'est qu'il n'avait pour seul objectif la gloire de la France. Cette obstination s'illustre parfaitement dans la résolution du congrès de Vienne. Arrivé dans la capitale autrichienne le 22 septembre 1814, le ministre des Affaires étrangères est dans un premier temps isolé et tenu à l'écart. Reléguée au rang de spectatrice, à l'instar de l'Espagne, du Portugal ou encore de la Suède, la France assiste impuissante au partage de l'Europe orchestré par les vainqueurs de Napoléon. Soucieux de l'équilibre des puissances sur le continent, le diplomate n'entend pas que son pays soit continuellement exclu. Il rappelle ainsi aux alliés que la France n'est plus une ennemie : le règne de Napoléon est terminé, de même que la guerre.

Se présentant comme l'homme qui ne demande rien pour la France, outre de la considération,

Talleyrand n'en a pas moins des revendications secrètes. Le sort du royaume de Saxe lui tient particulièrement à cœur car il est alors, selon lui, le garant d'un fragile équilibre entre l'Autriche et une Prusse désireuse de s'agrandir. Or, au congrès, cette dernière réclame avec force le petit royaume en compensation des territoires qu'elle perd en Pologne. En outre, le ministre souhaite limiter l'expansion de la Russie qui s'est emparée d'une grande partie de cette même Pologne. Mais pour l'heure, Talleyrand a des moyens d'action limités. Avant de redessiner la carte de l'Europe, il doit restaurer la position de la France dans le concert des grandes puissances.

Durant plusieurs mois, le ministre joue avec les faiblesses de chacun. Il se rapproche particulièrement de l'Angleterre et de l'Autriche en les ralliant à sa cause sur la question de la Saxe. Le 3 janvier 1815, l'ingénieux ministre obtient la signature d'un traité d'alliance avec Londres et Vienne, assurant une assistance militaire des contractants en cas d'agression par une autre puissance. De manière informelle, ce traité met ainsi en garde la Russie et la Prusse, mais il met surtout fin à l'isolement de la France. La manœuvre est donc couronnée de succès. Le 8 janvier, Talleyrand est définitivement admis à siéger aux côtés des autres puissances. Les cinq grands finissent par s'accorder sur les questions les plus importantes du congrès. Répondant aux espérances du ministre, la Saxe conserve en grande partie son territoire et son indépendance. Quant à la Pologne, elle n'est qu'en partie érigée en royaume, placé sous la tutelle du tsar de Russie. En contrepartie de ces arrangements, Talleyrand ne peut toutefois empêcher d'une part, la création du royaume des Pays-Bas destiné à contenir la France dans ses frontières et de l'autre, l'installation de la Prusse en Rhénanie, lui donnant de fait une frontière avec le territoire français.

Même si le retour de Napoléon en 1815 ternit l'image du pays, lui faisant perdre plusieurs territoires, Talleyrand réussit toutefois l'exploit de réintégrer la France dans le concert des grandes puissances. Parti à Vienne en position de faiblesse, il en revient en vainqueur de la diplomatie.

LA RÉCONCILIATION AVEC L'ANGLETERRE

Nommé pour un temps président du Conseil des ministres à son retour en France, Talleyrand est vite confronté à ses opposants politiques, les ultraroyalistes, partisans d'une monarchie absolue. Le ministre libéral est dès lors contraint à la démission le 19 décembre 1815. En compensation, le roi Louis XVIII le nomme grand chambellan, fonction qu'il avait déjà exercée sous Napoléon. Même s'il reste membre de la Chambre des pairs, Talleyrand se retire la majeure partie de l'année dans son château de Valençay. Outre quelques interventions politiques, notamment pour la liberté de la presse en 1821, le diplomate ne revient réellement aux affaires qu'en 1830. Une nouvelle révolution a en effet mis fin au règne de Charles X et a porté au pouvoir le duc d'Orléans, devenu Louis-Philippe Ier. Proche de ce dernier, Talleyrand se voit proposer le poste de ministre des Affaires étrangères. Il demande néanmoins au nouveau roi de l'envoyer comme ambassadeur en Angleterre car, aux yeux du vieux diplomate, c'est à Londres que la France a besoin de lui. Talleyrand ambitionne en effet de réconcilier les deux pays si souvent opposés au cours de l'histoire. La révolution belge qui éclate en août 1830 lui en donne l'occasion. Depuis 1815, le royaume des Pays-Bas regroupait les anciennes Provinces-Unies protestantes et les anciens Pays-Bas autrichiens catholiques. Les dissensions entre ces deux ensembles mènent à l'insurrection des Belges et, le 4 octobre, le royaume de Belgique devient indépendant. Cette nouvelle révolution, susceptible de se propager et de remettre en cause l'équilibre fragile établi lors du congrès de Vienne, inquiète les puissances européennes. Bien décidées à régler cette crise, ces dernières ouvrent le 4 novembre un cycle de conférences à Londres.

Talleyrand est désigné par Louis-Philippe Ier pour y représenter la France. D'emblée, l'ambassadeur se rapproche des volontés britanniques. Imposant leur vision aux autres puissances, la France et l'Angleterre militent pour une Belgique indépendante. Les Britanniques tiennent toutefois à la neutralité du nouveau pays, gage de maintien de l'équilibre européen, ce qui n'était pas du goût de Talleyrand puisqu'elle empêche toute annexion ultérieure des territoires belges à la France. Il est néanmoins contraint d'accepter cette neutralité. Le vieil ambassadeur n'en a pas moins rapproché son pays de son voisin d'outre-Manche. Cette conciliation se confirme en avril 1834 avec la signature du traité de la Quadruple-Alliance entre la France, l'Angleterre, l'Espagne et le Portugal. Il s'agit là du dernier acte diplomatique de Talleyrand. Âgé de 80 ans, il aspire désormais à une retraite bien méritée.

Rentré en France en septembre 1834, Talleyrand décède de vieillesse quatre ans plus tard, le 17 mai 1838, à Paris, non sans avoir mené une ultime négociation. Rédigeant un acte de rétractation pour ses torts, le diplomate de génie qui a survécu à tant de régimes et à une époque de grands bouleversements, se réconcilie avec l'Église. Le diable boiteux retrouve ainsi la paix de l'esprit.

EN RÉSUMÉ

1754
2 févr.: Naissance de Talleyrand

1779
Talleyrand est ordonné prêtre

1788
Talleyrand obtient l'évêché d'Autun

1789
Mai : **Talleyrand est élu député du clergé aux États généraux**
Talleyrand rédige l'article VI de la Déclaration des droits de l'homme et du citoyen

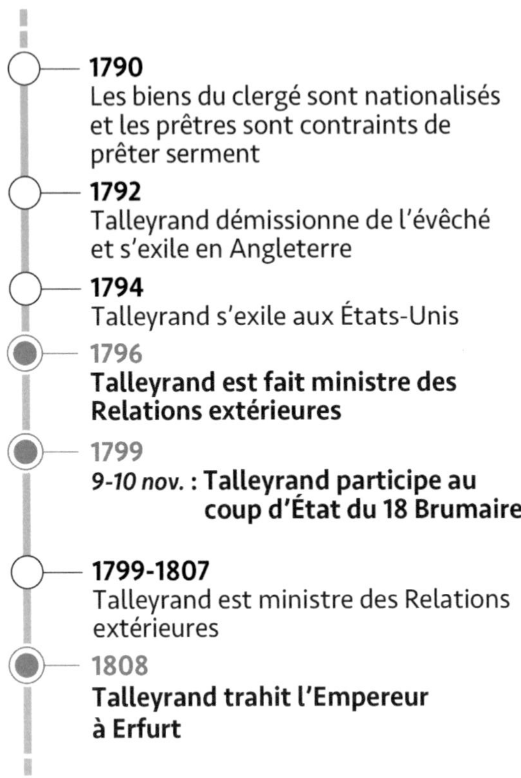

1790
Les biens du clergé sont nationalisés et les prêtres sont contraints de prêter serment

1792
Talleyrand démissionne de l'évêché et s'exile en Angleterre

1794
Talleyrand s'exile aux États-Unis

1796
Talleyrand est fait ministre des Relations extérieures

1799
9-10 nov. : Talleyrand participe au coup d'État du 18 Brumaire

1799-1807
Talleyrand est ministre des Relations extérieures

1808
Talleyrand trahit l'Empereur à Erfurt

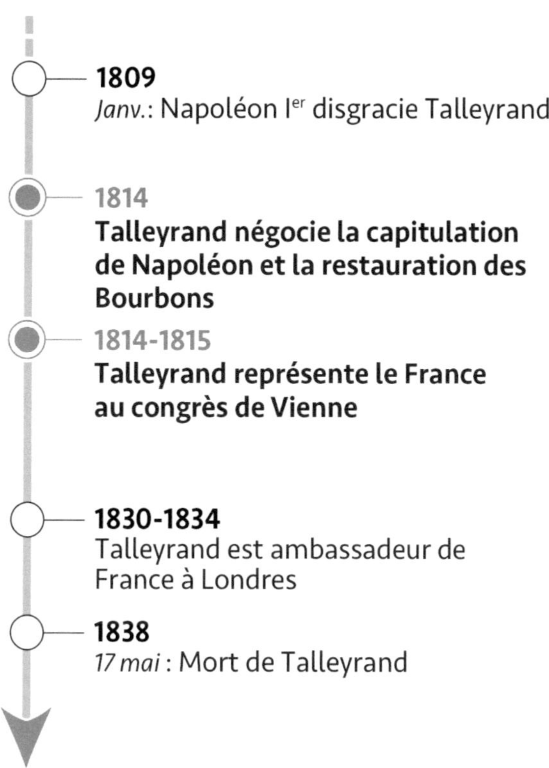

- Charles-Maurice de Talleyrand-Périgord naît le 2 février 1754 à Paris. Pied-bot, probablement de naissance, il est déchu de ses droits d'aînesse au profit de son frère cadet et est alors destiné à une carrière ecclésiastique. À l'âge de 16 ans, il entre au séminaire de Saint-Sulpice.

- Ordonné prêtre en 1779 puis nommé évêque d'Autun par le roi Louis XVI en 1788, Talleyrand s'intéresse peu aux affaires religieuses, leur préférant la politique. La Révolution de 1789 et la convocation des États généraux lui donnent l'occasion de s'illustrer. Élu député du clergé, il se rend à Versailles en mai 1789.

- Se ralliant à la cause du tiers état, l'évêque d'Autun participe activement à l'élaboration de la première Constitution française de même qu'à la Déclaration des droits de l'homme et du citoyen dont il rédige l'article VI. Il préconise également en 1790 la nationalisation des biens du clergé et la mise sous serment des prêtres.

- Démissionnant de sa charge d'évêque, Talleyrand fuit la Terreur, préférant, en 1792, l'exil en Angleterre puis aux États-Unis. Il ne revient en France qu'en 1796 et devient ministre des Relations extérieures du Directoire. Il est toutefois convaincu du caractère éphémère de ce régime.

- Sa charge de ministre l'amène du moins à rencontrer Napoléon Bonaparte, alors général de l'armée d'Italie. Constatant l'ambition de ce dernier, Talleyrand y voit le moyen de mettre fin au Directoire. Démissionnant de son ministère en juillet 1799, il participe activement au coup d'État du 18 Brumaire qui porte Bonaparte au pouvoir.

- Redevenu ministre sous le Consulat, Talleyrand s'efforce de redonner de la stabilité à la France, tant à l'extérieur qu'à l'intérieur de ses frontières. Il participe ainsi aux négociations de Lunéville (1801), du Concordat (1801) et d'Amiens (1802). Il suggère enfin à Bonaparte de se débarrasser du duc d'Enghien en 1804, ouvrant ainsi la voie à l'Empire héréditaire.

- Grand chambellan de Napoléon, le ministre s'éloigne néanmoins de plus en plus de l'Empereur, et ce dès le début de son règne. Prônant la modération et cherchant un équilibre européen, Talleyrand s'oppose à l'ambition conquérante de Napoléon. Cette dualité l'amène à démissionner en 1807 et même à trahir l'Empereur à Erfurt un an plus tard.

- L'année suivante, sans nouvelles de Napoléon coincé en Espagne, Talleyrand complote avec Joseph Fouché en vue de remplacer l'Empereur. La tentative est cependant avortée par le retour de Napoléon, fou de rage contre son ancien ministre qu'il disgracie.

- Talleyrand attend alors patiemment la fin du règne impérial. En 1814, à la chute de l'Empereur, il se rend maître de Paris et négocie la capitulation et la restauration des Bourbons. Il part également représenter la France au congrès de Vienne où il parvient habilement à réintégrer le royaume dans le concert des grandes puissances.
- Écarté du pouvoir en 1815, il devient ambassadeur à Londres en 1830 pour le roi Louis-Philippe Ier. Il participe dès lors au rapprochement entre les deux nations, notamment lors de la révolution belge de 1830.
- Retraité en 1834, il meurt le 17 mai 1838 à Paris.

POUR ALLER PLUS LOIN

SOURCES BIBLIOGRAPHIQUES

- BERTAUD (Jean-Paul), *Le Consulat et l'Empire. 1799-1815*, Paris, Armand Colin, 2007.

- DE TALLEYRAND-PÉRIGORD (Charles-Maurice), *Mémoire du prince de Talleyrand*, Paris, Lévy, 1891-1892.

- DE WARESQUIEL (Emmanuel), *Talleyrand : le prince immobile*, Paris, Fayard, 2003.

- FERRERO (Guglielmo), *Talleyrand à Vienne 1814-1815*, Paris, Édition de Fallois, 1996.

- JOURDAN (Annie), *L'empire de Napoléon*, Paris Flammarion, 2000.

- « La Révolution française », in *Histoire universelle : La Révolution française. Napoléon*, t. 16, Paris, Hachette, 2006.

- LENTZ (Thierry), *Le congrès de Vienne : une refondation de l'Europe. 1814-1815*, Paris, Perrin, 2013.

- MORANGE (Jean), *La Déclaration des droits de l'homme et du citoyen (26 août 1789)*, Paris, PUF, 2002.

- ZORGBIBE (Charles), *Talleyrand et l'invention de la diplomatie française*, Paris, Édition de Fallois, 2012.

SOURCES COMPLÉMENTAIRES

- CASTELOT (André), *Talleyrand ou le cynisme*, Paris, Perrin, 1980.

- LAWDAY (David), *Talleyrand : le maître de Napoléon*, Paris, Albin Michel, 2015.

- « L'empire napoléonien », in *Histoire universelle : La Révolution française. Napoléon*, t. 16, Paris, Hachette, 2006.

- « Le congrès de Vienne », in *Histoire universelle : La Révolution française. Napoléon*, t. 16, Paris, Hachette, 2006.

- ORIEUX (Jean), *Talleyrand ou le sphinx incompris*, Paris, Flammarion, 1970.

SOURCES ICONOGRAPHIQUES

- *Ouverture des États généraux, à Versailles dans la salle des Menus Plaisirs, le 5 mai 1789*, tableau d'Isidore-Stanislas Helman et de Charles Monet. La photo reproduite est réputée libre de droits.

- Tableau représentant la prise de la Bastille. La photo reproduite est réputée libre de droits.

- *Exécution de Louis XVI*, d'après une gravure allemande, 1793. La photo reproduite est réputée libre de droits.

- *Le Sacre de Napoléon*, tableau de Jacques-Louis David, 1806-1807. La photo reproduite est réputée libre de droits.

- *Napoléon en Égypte*, tableau de Jean-Léon Gérome, 1863. La photo reproduite est réputée libre de droits.

- *Napoléon Ier sur le trône impérial*, tableau de Jean Auguste Dominique Ingres, 1806. La photo reproduite est réputée libre de droits.

LITTÉRATURE

- Boulain (François), *Le Diable boiteux ou les Passions de M. de Talleyrand*, 2002.

- Brisville (Jean-Claude), *Le Souper*, 2005.

- Duchon-Doris (Jean-Christophe), *Le Cuisinier de Talleyrand*, 2006.

FILMS, DOCUMENTAIRE ET SÉRIES TÉLÉVISÉES

- *Le Diable boiteux*, film de Sacha Guitry, avec Sacha Guitry, Lana Marconi et Maurice Schutz, France, 1948.

- *Les Jupons de la Révolution : Talleyrand ou les lions de la revanche*, série télévisée en deux épisodes de Vincent de Brus, avec Bernard-Pierre Donnadieu,

Emmanuelle Béart et Stéphane Freiss, France,
1989.

- *Le Souper*, film d'Édouard Molinaro, avec Claude
Brasseur, Claude Rich et Ticky Holgado, France,
1992.

- *Napoléon*, série télévisée en quatre épisodes
d'Yves Simoneau, avec Christian Clavier, Isabella
Rossellini et Gérard Depardieu, France, Canada,
2002.

- *Talleyrand : Le Diable boiteux*, documentaire de la
série « Secrets d'histoire » présentée par Stéphane
Bern, France, 2012.

MUSÉES ET MONUMENTS COMMÉMORATIFS

- Le musée Talleyrand au château du Marais à
Val-Saint-Germain (France).

- Le château de Valençay, en Indre (France).

- Le tombeau de Talleyrand situé dans la chapelle
Notre-Dame à Valençay.

- L'hôtel de Saint-Florentin à Paris.